Crochet Project Planner

INFORMATIONS

NAME

ADDRESS

E-MAIL ADDRESS

WEBSITE

PHONE　　　　　　　　　　　　**FAX**

EMERGENCY CONTACT PERSON

PHONE　　　　　　　　　　　　**FAX**

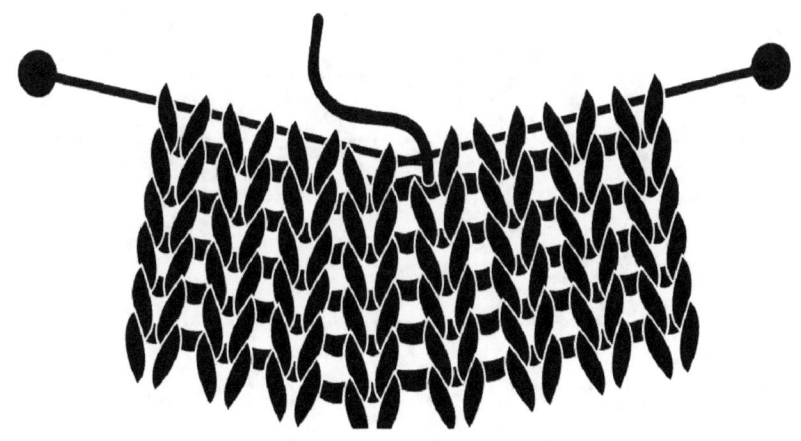

Crochet Project Planner

Name	For	Page
....	....	....
....	....	....
....	....	....
....	....	....
....	....	....
....	....	....
....	....	....
....	....	....
....	....	....
....	....	....
....	....	....
....	....	....
....	....	....
....	....	....
....	....	....
....	....	....
....	....	....
....	....	....

Crochet Project Planner

Name	For	Page
....	....	....
....	....	....
....	....	....
....	....	....
....	....	....
....	....	....
....	....	....
....	....	....
....	....	....
....	....	....
....	....	....
....	....	....
....	....	....
....	....	....
....	....	....
....	....	....
....	....	....
....	....	....
....	....	....

Crochet Project Planner

Name	For	Page
....	....	....
....	....	....
....	....	....
....	....	....
....	....	....
....	....	....
....	....	....
....	....	....
....	....	....
....	....	....
....	....	....
....	....	....
....	....	....
....	....	....
....	....	....
....	....	....
....	....	....
....	....	....
....	....	....
....	....	....

Crochet Project Planner

Name	For	Page
....	....	....
....	....	....
....	....	....
....	....	....
....	....	....
....	....	....
....	....	....
....	....	....
....	....	....
....	....	....
....	....	....
....	....	....
....	....	....
....	....	....
....	....	....
....	....	....
....	....	....
....	....	....
....	....	....
....	....	....

Project name ~

FOR
OCCASSION
START DATE
END DATE
PATTERN
DESIGN SOURCE

YARN
COLOR / DYE LOT
HOOK SIZE
GAUGE
WEIGHT
FIBER
WPI

WASHING INSTRUCTIONS
....
....
....
....

SAMPLE & LABEL

NOTES
....
....
....
....
....
....

Sketch / Photo

ADDITIONAL NOTES

FOR **OCCASION**

START DATE **END DATE**

PATTERN

DESIGN SOURCE

YARN

COLOR / DYE LOT

HOOK SIZE

GAUGE

WEIGHT

FIBER **WPI**

WASHING INSTRUCTIONS

....
....
....
....

SAMPLE & LABEL

NOTES

....
....
....
....
....
....

Sketch / Photo

ADDITIONAL NOTES

....
....
....
....
....
....
....
....

Project name ~

FOR .... **OCCASSION** ....

START DATE .... **END DATE** ....

PATTERN ....

DESIGN SOURCE ....

YARN ....

COLOR / DYE LOT ....

HOOK SIZE ....

GAUGE ....

WEIGHT ....

FIBER .... **WPI** ....

WASHING INSTRUCTIONS
....
....
....
....

SAMPLE & LABEL

NOTES
....
....
....
....
....

Sketch / Photo

ADDITIONAL NOTES

....
....
....
....
....
....
....
....

Project name ~

FOR
OCCASION
START DATE
END DATE
PATTERN
DESIGN SOURCE

YARN
COLOR / DYE LOT
HOOK SIZE
GAUGE
WEIGHT
FIBER
WPI

WASHING INSTRUCTIONS

....
....
....
....

SAMPLE & LABEL

NOTES

....
....
....
....
....
....

Sketch / Photo

ADDITIONAL NOTES

....
....
....
....
....
....
....
....

Project name ~

FOR　　　　　　　　　　　**OCCASSION**

START DATE　　　　　　　 **END DATE**

PATTERN

DESIGN SOURCE

YARN

COLOR / DYE LOT

HOOK SIZE

GAUGE

WEIGHT

FIBER　　　　　　　　　　 **WPI**

WASHING INSTRUCTIONS

....
....
....
....

SAMPLE & LABEL

NOTES

....
....
....
....
....
....

Sketch / Photo

ADDITIONAL NOTES

Project name ~

FOR
OCCASSION
START DATE
END DATE
PATTERN
DESIGN SOURCE

YARN
COLOR / DYE LOT
HOOK SIZE
GAUGE
WEIGHT
FIBER
WPI

WASHING INSTRUCTIONS

....
....
....
....

SAMPLE & LABEL

NOTES

....
....
....
....
....
....

Sketch / Photo

ADDITIONAL NOTES

....
....
....
....
....
....
....
....

Project name ~

FOR
OCCASSION
START DATE
END DATE
PATTERN
DESIGN SOURCE

YARN
COLOR / DYE LOT
HOOK SIZE
GAUGE
WEIGHT
FIBER
WPI

WASHING INSTRUCTIONS

....
....
....
....

SAMPLE & LABEL

NOTES

....
....
....
....
....
....

Sketch / Photo

ADDITIONAL NOTES

....
....
....
....
....
....
....
....

Project name ~

FOR
OCCASION
START DATE
END DATE
PATTERN
DESIGN SOURCE

YARN
COLOR / DYE LOT
HOOK SIZE
GAUGE
WEIGHT
FIBER
WPI

WASHING INSTRUCTIONS

....
....
....
....

SAMPLE & LABEL

NOTES

....
....
....
....
....

Sketch / Photo

ADDITIONAL NOTES

Project name ~

FOR
START DATE
PATTERN
DESIGN SOURCE

OCCASSION
END DATE

YARN
COLOR / DYE LOT
HOOK SIZE
GAUGE
WEIGHT
WPI

FIBER

WASHING INSTRUCTIONS

....
....
....
....

SAMPLE & LABEL

NOTES

....
....
....
....
....
....

Sketch / Photo

ADDITIONAL NOTES

Project name ~

FOR

OCCASSION

START DATE

END DATE

PATTERN

DESIGN SOURCE

YARN

COLOR / DYE LOT

HOOK SIZE

GAUGE

WEIGHT

FIBER

WPI

WASHING INSTRUCTIONS

....
....
....
....

SAMPLE & LABEL

NOTES

....
....
....
....
....
....

Sketch / Photo

ADDITIONAL NOTES
....
....
....
....
....
....
....
....

Project name ~

FOR
OCCASSION
START DATE
END DATE
PATTERN
DESIGN SOURCE

YARN
COLOR / DYE LOT
HOOK SIZE
GAUGE
WEIGHT
FIBER
WPI

WASHING INSTRUCTIONS

....
....
....
....

SAMPLE & LABEL

NOTES

....
....
....
....
....
....

Sketch / Photo

ADDITIONAL NOTES

....
....
....
....
....
....
....
....

Project name ~

FOR
OCCASSION
START DATE
END DATE
PATTERN
DESIGN SOURCE

YARN
COLOR / DYE LOT
HOOK SIZE
GAUGE
WEIGHT
FIBER
WPI

WASHING INSTRUCTIONS

....
....
....
....

SAMPLE & LABEL

NOTES

....
....
....
....
....

Sketch / Photo

ADDITIONAL NOTES

Project name ~

FOR

OCCASSION

START DATE

END DATE

PATTERN

DESIGN SOURCE

YARN

COLOR / DYE LOT

HOOK SIZE

GAUGE

WEIGHT

FIBER

WPI

WASHING INSTRUCTIONS

....
....
....
....

SAMPLE & LABEL

NOTES

....
....
....
....
....

Sketch / Photo

ADDITIONAL NOTES

Project name ~

FOR   **OCCASSION**

START DATE   **END DATE**

PATTERN

DESIGN SOURCE

                                         YARN

                                         COLOR / DYE LOT

                                         HOOK SIZE

                                         GAUGE

                                         WEIGHT

FIBER   **WPI**

WASHING INSTRUCTIONS

....
....
....
....

SAMPLE & LABEL

NOTES

....
....
....
....
....

Sketch / Photo

ADDITIONAL NOTES

....
....
....
....
....
....
....
....

Project name ~

FOR
OCCASSION
START DATE
END DATE
PATTERN
DESIGN SOURCE

YARN
COLOR / DYE LOT
HOOK SIZE
GAUGE
WEIGHT
FIBER
WPI

WASHING INSTRUCTIONS

....
....
....
....

SAMPLE & LABEL

NOTES

....
....
....
....
....
....

Sketch / Photo

ADDITIONAL NOTES

....
....
....
....
....
....
....
....

Project name ~

FOR

OCCASSION

START DATE

END DATE

PATTERN

DESIGN SOURCE

YARN

COLOR / DYE LOT

HOOK SIZE

GAUGE

WEIGHT

FIBER

WPI

WASHING INSTRUCTIONS

....
....
....
....

SAMPLE & LABEL

NOTES

....
....
....
....
....
....

Sketch / Photo

ADDITIONAL NOTES

Project name ~

FOR
START DATE
PATTERN
DESIGN SOURCE

OCCASSION
END DATE

YARN
COLOR / DYE LOT
HOOK SIZE
GAUGE
WEIGHT
WPI

FIBER

WASHING INSTRUCTIONS

....
....
....
....

SAMPLE & LABEL

NOTES

....
....
....
....
....
....

Sketch / Photo

ADDITIONAL NOTES

....
....
....
....
....
....
....
....
....

Project name ~

FOR   **OCCASSION**

START DATE   **END DATE**

PATTERN

DESIGN SOURCE

YARN

COLOR / DYE LOT

HOOK SIZE

GAUGE

WEIGHT

FIBER   **WPI**

WASHING INSTRUCTIONS

....
....
....
....

SAMPLE & LABEL

NOTES

....
....
....
....
....
....

Sketch / Photo

ADDITIONAL NOTES

....
....
....
....
....
....
....
....
....

Project name ~

FOR
OCCASSION
START DATE
END DATE
PATTERN
DESIGN SOURCE

YARN
COLOR / DYE LOT
HOOK SIZE
GAUGE
WEIGHT
FIBER
WPI

WASHING INSTRUCTIONS

....
....
....
....

SAMPLE & LABEL

NOTES

....
....
....
....
....
....

Sketch / Photo

ADDITIONAL NOTES
....
....
....
....
....
....
....
....

Project name ~

FOR
OCCASSION
START DATE
END DATE
PATTERN
DESIGN SOURCE

YARN
COLOR / DYE LOT
HOOK SIZE
GAUGE
WEIGHT
FIBER
WPI

WASHING INSTRUCTIONS

....
....
....
....

SAMPLE & LABEL

NOTES

....
....
....
....
....
....

Sketch / Photo

ADDITIONAL NOTES

....
....
....
....
....
....
....
....

Project name ~

FOR
OCCASSION
START DATE
END DATE
PATTERN
DESIGN SOURCE

YARN
COLOR / DYE LOT
HOOK SIZE
GAUGE
WEIGHT
FIBER
WPI

WASHING INSTRUCTIONS
....
....
....
....

SAMPLE & LABEL

NOTES
....
....
....
....
....

Sketch / Photo

ADDITIONAL NOTES

....
....
....
....
....
....
....
....
....

Project name ~

FOR
OCCASSION
START DATE
END DATE
PATTERN
DESIGN SOURCE

YARN
COLOR / DYE LOT
HOOK SIZE
GAUGE
WEIGHT
FIBER
WPI

WASHING INSTRUCTIONS

....
....
....
....

SAMPLE & LABEL

NOTES

....
....
....
....
....
....

Sketch / Photo

ADDITIONAL NOTES

Project name ~

FOR

OCCASION

START DATE

END DATE

PATTERN

DESIGN SOURCE

YARN

COLOR / DYE LOT

HOOK SIZE

GAUGE

WEIGHT

FIBER

WPI

WASHING INSTRUCTIONS

....
....
....
....

SAMPLE & LABEL

NOTES

....
....
....
....
....

Sketch / Photo

ADDITIONAL NOTES

Project name ~

FOR
OCCASSION
START DATE
END DATE
PATTERN
DESIGN SOURCE

YARN
COLOR / DYE LOT
HOOK SIZE
GAUGE
WEIGHT
FIBER
WPI

WASHING INSTRUCTIONS

....
....
....
....

SAMPLE & LABEL

NOTES

....
....
....
....
....
....

Sketch / Photo

ADDITIONAL NOTES

FOR .... **OCCASSION** ....

START DATE .... **END DATE** ....

PATTERN ....

DESIGN SOURCE ....

YARN ....

COLOR / DYE LOT ....

HOOK SIZE ....

GAUGE ....

WEIGHT ....

FIBER .... **WPI** ....

WASHING INSTRUCTIONS

....
....
....
....

SAMPLE & LABEL

NOTES

....
....
....
....
....
....

Sketch / Photo

ADDITIONAL NOTES

....
....
....
....
....
....
....
....
....

Project name ~

FOR .... **OCCASSION** ....

START DATE .... **END DATE** ....

PATTERN ....

DESIGN SOURCE ....

YARN ....

COLOR / DYE LOT ....

HOOK SIZE ....

GAUGE ....

WEIGHT ....

FIBER .... **WPI** ....

WASHING INSTRUCTIONS

....
....
....
....

SAMPLE & LABEL

NOTES

....
....
....
....
....

Sketch / Photo

ADDITIONAL NOTES

Project name ~

FOR .... **OCCASSION** ....

START DATE .... **END DATE** ....

PATTERN ....

DESIGN SOURCE ....

YARN ....

COLOR / DYE LOT ....

HOOK SIZE ....

GAUGE ....

WEIGHT ....

FIBER .... **WPI** ....

WASHING INSTRUCTIONS
....
....
....
....

SAMPLE & LABEL

NOTES
....
....
....
....
....
....

Sketch / Photo

ADDITIONAL NOTES

....
....
....
....
....
....
....
....

Project name ~

FOR
OCCASSION
START DATE
END DATE
PATTERN
DESIGN SOURCE

YARN
COLOR / DYE LOT
HOOK SIZE
GAUGE
WEIGHT
FIBER
WPI

WASHING INSTRUCTIONS

....
....
....
....

SAMPLE & LABEL

NOTES

....
....
....
....
....
....

Sketch / Photo

ADDITIONAL NOTES
....
....
....
....
....
....
....
....
....

Project name ~

FOR
OCCASION
START DATE
END DATE
PATTERN
DESIGN SOURCE

YARN
COLOR / DYE LOT
HOOK SIZE
GAUGE
WEIGHT
FIBER
WPI

WASHING INSTRUCTIONS

....
....
....
....

SAMPLE & LABEL

NOTES

....
....
....
....
....

Sketch / Photo

ADDITIONAL NOTES

FOR

OCCASSION

START DATE

END DATE

PATTERN

DESIGN SOURCE

YARN

COLOR / DYE LOT

HOOK SIZE

GAUGE

WEIGHT

FIBER

WPI

WASHING INSTRUCTIONS

....
....
....
....

SAMPLE & LABEL

NOTES

....
....
....
....
....
....
....

Sketch / Photo

ADDITIONAL NOTES

Project name ~

FOR
OCCASSION
START DATE
END DATE
PATTERN
DESIGN SOURCE

YARN
COLOR / DYE LOT
HOOK SIZE
GAUGE
WEIGHT
FIBER
WPI

WASHING INSTRUCTIONS

....
....
....
....

SAMPLE & LABEL

NOTES

....
....
....
....
....
....

Sketch / Photo

ADDITIONAL NOTES

Project name ~

FOR
OCCASION
START DATE
END DATE
PATTERN
DESIGN SOURCE

YARN
COLOR / DYE LOT
HOOK SIZE
GAUGE
WEIGHT
FIBER
WPI

WASHING INSTRUCTIONS

....
....
....
....

SAMPLE & LABEL

NOTES

....
....
....
....
....

Sketch / Photo

ADDITIONAL NOTES

FOR

OCCASSION

START DATE

END DATE

PATTERN

DESIGN SOURCE

YARN

COLOR / DYE LOT

HOOK SIZE

GAUGE

WEIGHT

FIBER

WPI

WASHING INSTRUCTIONS

....
....
....
....

SAMPLE & LABEL

NOTES

....
....
....
....
....
....

Sketch / Photo

ADDITIONAL NOTES

Project name ~

FOR
START DATE
PATTERN
DESIGN SOURCE

OCCASSION
END DATE

YARN
COLOR / DYE LOT
HOOK SIZE
GAUGE
WEIGHT
FIBER   **WPI**

WASHING INSTRUCTIONS
....
....
....
....

SAMPLE & LABEL

NOTES
....
....
....
....
....

Sketch / Photo

ADDITIONAL NOTES

....
....
....
....
....
....
....
....
....

Project name ~

FOR　　　　　　　　　　　**OCCASSION**

START DATE　　　　　　　**END DATE**

PATTERN

DESIGN SOURCE

YARN

COLOR / DYE LOT

HOOK SIZE

GAUGE

WEIGHT

FIBER　　　　　　　　　　**WPI**

WASHING INSTRUCTIONS

....
....
....
....

SAMPLE & LABEL

NOTES

....
....
....
....
....
....

Sketch / Photo

ADDITIONAL NOTES

Project name ~

FOR   **OCCASSION**

START DATE   **END DATE**

PATTERN

DESIGN SOURCE

                                       YARN

                                            COLOR / DYE LOT

                                            HOOK SIZE

                                            GAUGE

                                            WEIGHT

FIBER   **WPI**

WASHING INSTRUCTIONS

....
....
....
....

SAMPLE & LABEL

NOTES

....
....
....
....
....
....

Sketch / Photo

ADDITIONAL NOTES

....
....
....
....
....
....
....
....

Project name ~

FOR
OCCASION
START DATE
END DATE
PATTERN
DESIGN SOURCE

YARN
COLOR / DYE LOT
HOOK SIZE
GAUGE
WEIGHT
FIBER
WPI

WASHING INSTRUCTIONS

....
....
....
....

SAMPLE & LABEL

NOTES

....
....
....
....
....

Sketch / Photo

ADDITIONAL NOTES

Project name ~

FOR .... **OCCASSION** ....

START DATE .... **END DATE** ....

PATTERN ....

DESIGN SOURCE ....

YARN ....

COLOR / DYE LOT ....

HOOK SIZE ....

GAUGE ....

WEIGHT ....

FIBER .... **WPI** ....

WASHING INSTRUCTIONS

....
....
....
....

SAMPLE & LABEL

NOTES

....
....
....
....
....

Sketch / Photo

ADDITIONAL NOTES

....
....
....
....
....
....
....

Project name ~

FOR .... **OCCASSION** ....

START DATE .... **END DATE** ....

PATTERN ....

DESIGN SOURCE ....

YARN ....

COLOR / DYE LOT ....

HOOK SIZE ....

GAUGE ....

WEIGHT ....

FIBER .... **WPI** ....

WASHING INSTRUCTIONS
....
....
....
....

SAMPLE & LABEL

NOTES
....
....
....
....
....

Sketch / Photo

ADDITIONAL NOTES

....
....
....
....
....
....
....
....

Project name ~

FOR
OCCASION
START DATE
END DATE
PATTERN
DESIGN SOURCE

YARN
COLOR / DYE LOT
HOOK SIZE
GAUGE
WEIGHT
FIBER
WPI

WASHING INSTRUCTIONS

....
....
....
....

SAMPLE & LABEL

NOTES

....
....
....
....
....

Sketch / Photo

ADDITIONAL NOTES

Project name ~

FOR .... **OCCASSION** ....

START DATE .... **END DATE** ....

PATTERN ....

DESIGN SOURCE ....

YARN ....

COLOR / DYE LOT ....

HOOK SIZE ....

GAUGE ....

WEIGHT ....

FIBER .... **WPI** ....

WASHING INSTRUCTIONS
....
....
....
....

SAMPLE & LABEL

NOTES
....
....
....
....
....
....

Sketch / Photo

ADDITIONAL NOTES
....
....
....
....
....
....
....
....

Project name ~

FOR

OCCASSION

START DATE

END DATE

PATTERN

DESIGN SOURCE

YARN

COLOR / DYE LOT

HOOK SIZE

GAUGE

WEIGHT

FIBER

WPI

WASHING INSTRUCTIONS

....
....
....
....

SAMPLE & LABEL

NOTES

....
....
....
....
....
....

Sketch / Photo

ADDITIONAL NOTES

Project name ~

FOR
OCCASION
START DATE
END DATE
PATTERN
DESIGN SOURCE

YARN
COLOR / DYE LOT
HOOK SIZE
GAUGE
WEIGHT
FIBER
WPI

WASHING INSTRUCTIONS

....
....
....
....

SAMPLE & LABEL

NOTES

....
....
....
....
....

Sketch / Photo

ADDITIONAL NOTES

....
....
....
....
....
....
....
....

Project name ~

FOR
START DATE
PATTERN
DESIGN SOURCE

YARN
COLOR / DYE LOT
HOOK SIZE
GAUGE
WEIGHT
WPI

OCCASSION
END DATE

FIBER

WASHING INSTRUCTIONS

....
....
....
....

SAMPLE & LABEL

NOTES

....
....
....
....
....

Sketch / Photo

ADDITIONAL NOTES
....
....
....
....
....
....
....
....
....

FOR OCCASSION

START DATE END DATE

PATTERN

DESIGN SOURCE

YARN

COLOR / DYE LOT

HOOK SIZE

GAUGE

WEIGHT

FIBER WPI

WASHING INSTRUCTIONS

SAMPLE & LABEL

NOTES

Sketch / Photo

ADDITIONAL NOTES

....
....
....
....
....
....
....
....

Project name ~

FOR
START DATE
PATTERN
DESIGN SOURCE

OCCASSION
END DATE

YARN
COLOR / DYE LOT
HOOK SIZE
GAUGE
WEIGHT
WPI

FIBER

WASHING INSTRUCTIONS

....
....
....
....

SAMPLE & LABEL

NOTES

....
....
....
....
....

Sketch / Photo

ADDITIONAL NOTES

....
....
....
....
....
....
....
....

FOR OCCASSION

START DATE END DATE

PATTERN

DESIGN SOURCE

YARN

COLOR / DYE LOT

HOOK SIZE

GAUGE

WEIGHT

FIBER WPI

WASHING INSTRUCTIONS

....
....
....
....

SAMPLE & LABEL

NOTES

....
....
....
....
....

Sketch / Photo

ADDITIONAL NOTES

Project name ~

FOR
OCCASSION
START DATE
END DATE
PATTERN
DESIGN SOURCE

YARN
COLOR / DYE LOT
HOOK SIZE
GAUGE
WEIGHT
FIBER
WPI

WASHING INSTRUCTIONS

....
....
....
....

SAMPLE & LABEL

NOTES

....
....
....
....
....
....

Sketch / Photo

ADDITIONAL NOTES

....
....
....
....
....
....
....
....
....

Project name ~

FOR

OCCASSION

START DATE

END DATE

PATTERN

DESIGN SOURCE

YARN

COLOR / DYE LOT

HOOK SIZE

GAUGE

WEIGHT

FIBER

WPI

WASHING INSTRUCTIONS

....
....
....
....

SAMPLE & LABEL

NOTES

....
....
....
....
....
....

Sketch / Photo

ADDITIONAL NOTES

....
....
....
....
....
....
....
....

FOR
OCCASSION
START DATE
END DATE
PATTERN
DESIGN SOURCE

YARN
COLOR / DYE LOT
HOOK SIZE
GAUGE
WEIGHT
FIBER
WPI

WASHING INSTRUCTIONS

....
....
....
....

SAMPLE & LABEL

NOTES

....
....
....
....
....
....

Sketch / Photo

ADDITIONAL NOTES

Project name ~

FOR
OCCASSION
START DATE
END DATE
PATTERN
DESIGN SOURCE

YARN
COLOR / DYE LOT
HOOK SIZE
GAUGE
WEIGHT
FIBER
WPI

WASHING INSTRUCTIONS

....
....
....
....

SAMPLE & LABEL

NOTES

....
....
....
....
....
....

Sketch / Photo

ADDITIONAL NOTES
....
....
....
....
....
....
....
....

Project name ~

FOR
OCCASION
START DATE
END DATE
PATTERN
DESIGN SOURCE

YARN
COLOR / DYE LOT
HOOK SIZE
GAUGE
WEIGHT
FIBER
WPI

WASHING INSTRUCTIONS
....
....
....
....

SAMPLE & LABEL

NOTES
....
....
....
....
....
....

Sketch / Photo

ADDITIONAL NOTES

....
....
....
....
....
....
....
....

FOR
OCCASSION
START DATE
END DATE
PATTERN
DESIGN SOURCE

YARN
COLOR / DYE LOT
HOOK SIZE
GAUGE
WEIGHT
FIBER
WPI

WASHING INSTRUCTIONS

....
....
....
....

SAMPLE & LABEL

NOTES

....
....
....
....
....

Sketch / Photo

ADDITIONAL NOTES

Project name ~

FOR
OCCASION
START DATE
END DATE
PATTERN
DESIGN SOURCE

YARN
COLOR / DYE LOT
HOOK SIZE
GAUGE
WEIGHT
FIBER
WPI

WASHING INSTRUCTIONS

....
....
....
....

SAMPLE & LABEL

NOTES

....
....
....
....
....
....

Sketch / Photo

ADDITIONAL NOTES

....
....
....
....
....
....
....
....

FOR
OCCASSION
START DATE
END DATE
PATTERN
DESIGN SOURCE

YARN
COLOR / DYE LOT
HOOK SIZE
GAUGE
WEIGHT
FIBER
WPI

WASHING INSTRUCTIONS

....
....
....
....

SAMPLE & LABEL

NOTES

....
....
....
....
....

Sketch / Photo

ADDITIONAL NOTES

....
....
....
....
....
....
....
....

FOR
START DATE
PATTERN
DESIGN SOURCE

OCCASSION
END DATE

YARN
COLOR / DYE LOT
HOOK SIZE
GAUGE
WEIGHT
FIBER **WPI**

WASHING INSTRUCTIONS
....
....
....
....

SAMPLE & LABEL

NOTES
....
....
....
....
....

Sketch / Photo

ADDITIONAL NOTES
....
....
....
....
....
....
....
....

Project name ~

FOR _____ **OCCASSION** _____

START DATE _____ **END DATE** _____

PATTERN _____

DESIGN SOURCE _____

YARN _____

COLOR / DYE LOT _____

HOOK SIZE _____

GAUGE _____

WEIGHT _____

FIBER _____ **WPI** _____

WASHING INSTRUCTIONS

....
....
....
....

SAMPLE & LABEL

NOTES

....
....
....
....
....

Sketch / Photo

ADDITIONAL NOTES

....
....
....
....
....
....
....
....

Project name ~

FOR
OCCASSION
START DATE
END DATE
PATTERN
DESIGN SOURCE

YARN
COLOR / DYE LOT
HOOK SIZE
GAUGE
WEIGHT
FIBER
WPI

WASHING INSTRUCTIONS

....
....
....
....

SAMPLE & LABEL

NOTES

....
....
....
....
....

Sketch / Photo

ADDITIONAL NOTES

www.ingramcontent.com/pod-product-compliance
Lightning Source LLC
LaVergne TN
LVHW011724060526
838200LV00051B/3023